KB268974

朱熹 章句 集註
原文 懸吐 讀解

大學章句集註

金 東 求 改訂 校閲

明文堂

개정판 사서집주를 출판하면서

(1) 인류가 하나 되고 진정한 세계 평화를 확립하기 위해서는 모든 사람이 착한 본성을 바탕으로 절대선의 하늘의 도리를 따르고 실천해야 한다.

(2) 가정 사회 국가에서 상하좌우 모든 사람이 효도 윤리 도덕을 실천해야 한다.

(3) 그러기 위해서는 동양의 전통 사상과 철학을 배우고, 또 바르고 깊이 알아야 한다.

(4) 그 기본 경전이 바로 주자(朱子)가 편찬한 「사서집주(四書集註)」다. 즉 다음과 같다.

   ① 대학장구집주(大學章句集註)

   ② 중용장구집주(中庸章句集註)

   ③ 논어집주(論語集註)

   ④ 맹자집주(孟子集註)

(5) 원본은 영조(英祖) 경진(庚辰)에 간행한 내각장판(內閣藏板) 사서집주대전(四書集註大全)이다.

(6) 기본 체제는 명문당(明文堂)을 창설한 「김혁제(金赫濟) 사장」이 간행한 사서집주의 각본(各本)을 바탕으로 하고 따랐다.

(7) 단 이 책에서 개정한 요점은 다음과 같다.

경문(經文) : 현토 음독은 옛날을 따랐다. 단 한글 풀이는 바르고 깊은 뜻을 오늘에 맞게 요약했다.

집주(集註) : 구절 및 단락만을 표시했다. 단 자음에 대한 주해는 제외했다.

(8) 본사 명문당은 근 1세기에 걸쳐 많은 한문책을 간행 출판했다. 그래서 많은 한학지들이 애독히고 연구했다.

(9) 새로 개정한 이 책들도 많은 지식인들이 애독하기를 바란다.

김동구 삼가 씀

차   례

英祖大王御製序

夫三代盛時　設庠序學校而敎人　此正禮記所云　家有塾　黨有庠　州有序　國有學者也

故人生八歲皆入小學　於大學　則天子之元子衆子以至於公卿大夫元士之適子　與凡民之俊秀者　及其成童　皆入焉　可不重歟

大學之書　有三綱焉　曰明明德　曰新民　曰止於至善也　有八條焉　曰格物　曰致知　曰誠意　曰正心　曰修身　曰齊家　曰治國　曰平天下也

次序井井　條理方方　其學問之道　紫陽朱夫子　序文詳備　以予蔑學　何敢加一辭

然是書　與中庸　相爲表裏　次序條理若是瞭然　而學者　其猶　書自書　我自我　可勝歎哉

噫　明德在何　卽在我一心　明明德之工　在何　亦在我一心

若能實下工夫　正若顏子所云　舜何人　余何人者也

而三代以後　師道在下　學校不興　莫能行灑掃之敎

故筋骸已强 利欲交中 在我之明德 不能自明 旣不
能格致 又何以誠意 旣不能正心 又何以修身 不能
格致 不能誠正 家齊國治 其何望哉 其何望哉

予於十九歲 始讀大學 二十九歲 入學也 又講此
書 而自顧其行 其亦書自我自 心常惡焉

六十三 視學明倫堂也 先讀序文 仍令侍講官及儒
生 次第以講 其日卽甲子也 與朱夫子作序文之日
偶然相符

日雖相符 功效愈邈 尤切覥然 望七之年 因追慕
行三講 而欲取反約 以中庸 循環以講 因經筵官
之 請繼講此書 自此以後 庸學將輪回以講 少時
講此 未見其效 暮年重講 其何望效 尤爲慨然者

紫陽序文 豈不云乎 一有能盡其性者 天必命之
以爲億兆之君師 以予晚學涼德 旣無誠正之工 亦
無修齊之效 而白首衰耗 三講此書 豈不自惡乎

然孔聖云 溫故而知新 若能因此而知新 於予豈不
大有益也哉 仍作序文 自勉靈臺 歲戊寅*十月甲
寅 序

<* 무인(戊寅) : 서기 1758년>

讀大學法

[1] 朱子曰　語孟隨事問答　難見要領　惟大學　是
曾子述孔子說　古人爲學之大方　而門人又傳
述　以明其旨　前後相因　體統都具　翫味此書
知得古人爲學所向　却讀語孟便易入　後面工
夫雖多　而大體已立矣

看這一書　又自與看語孟不同　語孟中　只一項
事　是一箇道理　如孟子說仁義處　只就仁義上
說道理　孔子答顏淵　以克己復禮　只就克己復
禮上　說道理　若大學　却只統說　論其功用之
極　至於平天下　然天下所以平　却先須治國
國之所以治　却先須齊家　家之所以齊　却先須
修身　身之所以修　却先須正心　心之所以正
却先須誠意　意之所以誠　却先須致知　知之所
以至　却先須格物

大學是爲學綱目　先讀大學　立定綱領　他書皆
雜說在裏許　通得大學了　去看他經　方見得
此是格物致知事　此是　誠意正心事　此是　修

身事　此是　齊家治國平天下事
今且熟讀大學　作間架　却以他書塡補去
大學是通言學之初終　中庸是指本原極致處
問欲專看一書　以何爲先　曰先讀大學　可見
古人爲學首末次第　不比他書　他書非一時所
言　非一人所記

[2] 又曰　看大學　固是着逐句看去也　須先統讀傳
文敎熟　方好從頭仔細看　若專不識傳文大意
便看前頭亦難

[3] 又曰　嘗欲作一說敎人　只將大學　一日去讀一
遍　看他　如何是大人之學　如何是小學　如何
是明明德　如何是新民　如何是止於至善　日日
如是讀　月來日去自見　所謂溫故而知新　須是
知新　日日看得新　方得却不是道理解新　但自
家這箇意思長長地新

讀大學　初間也　只如此讀　後來也　只如此讀
只是初間讀得　似不與自家相關　後來看熟　見
許多說話　須着如此做　不如此做　自不得

讀書不可貪多　當且以大學爲先　逐段熟讀精
思　須令了了分明　方可改讀後段　看第二段

却思量前段　令文意連屬却不妨
問大學稍通　方要讀論語　曰且未可　大學稍通
正好着心精讀　前日讀時　見得前　未見得後面
見得後　未見得前面　今識得　大綱體統　正好
熟看　讀此書功深　則用博　昔尹和靖　見伊川
半年　方得大學西銘看　今人半年　要讀多少書
某且要人讀此　是如何　緣此書却不多　而規模
周備　凡讀書　初一項　須着十分工夫了　第二
項　只費得八九分工夫　第三項　便只費得六七
分工夫　少間讀漸多　自通貫　他書自著不得多
工夫

看大學　俟見大指　乃及他書　但看時　須是更
將大段　分作小段　字字句句　不可容易放過
常時暗誦默思　反覆研究　未上口時　須敎上口
未通透時　須敎通透　已通透後　便要純熟　直
待不思索時　此意常在心胸之間　驅遣不去　方
是此一段了　又換一段看　令如此數段之後　心
安理熟　覺工夫省力時　便漸得力也

[4]　又曰　大學　是一箇腔子　而今却要塡敎他實
　　　如他說格物　自家須是去格物後　塡敎他實　著

誠意亦然　若只讀得空殼子　亦無盒也
讀大學　豈在看他言語　正欲驗之於心如何　如
好好色　惡惡臭　試驗之吾心　果能好善惡惡如
此乎　閒居爲不善　是果有此乎　一有不至　則
勇猛奮躍不已　必有長進　今不知如此　則書自
書　我自我　何盒之有

[5] 又曰　某一生　只看得這文字透　見得前賢所未
到處　溫公作通鑑　言平生精力盡在此書　某於
大學　亦然　先須通此　方可讀他書

[6] 又曰　伊川舊日敎人　先看大學　那時未解說
而今有註解　覺大段分曉了　只在仔細看

[7] 又曰　看大學　且逐章理會　先將本文念得　次
將章句來解本文　又將或問來參章句　須逐一
令記得　反覆尋究　待他浹洽　旣逐段曉得　却
統看溫尋過

[8] 又曰　大學一書　有正經　有章句　有或問　看來
看去　不用或問　只看章句便了　久之　又只看
正經便了　又久之　自有一部大學　在我胸中
而正經亦不用矣　然不用某許多工夫　亦看某

底不出　不用聖賢許多工夫　亦看聖賢底不出

[9]　又曰　大學解本文　未詳者　於或問中詳之　且
從頭逐句理會　到不通處　却看或問　乃註脚之
註脚

某解書　不合太多　又先准備學者　爲他設疑說
了　所以致得學者看得容易了

人只說　某說大學　等不略說　使人自致思　此
事大不然　人之爲學　只爭箇肯與不肯耳　他若
不肯向這裏　略亦不解致思　他若肯向此一邊
自然有味　愈詳愈有味

大學章句序

大學之書　古之大學　所以敎人之法也

蓋自天降生民　則旣莫不與之　以仁義禮智之性矣

然其氣質之稟　或不能齊　是以不能　皆有以知　其
性之所有　而全之也

一有聰明睿智　能盡其性者　出於其間　則天必命之
以爲億兆之君師　使之治而敎之　以復其性

此伏羲神農　黃帝堯舜　所以繼天立極　而司徒之職
典樂之官　所由設也

三代之隆　其法寢備　然後王宮國都　以及閭巷　莫
不有學　人生八歲　則自王公以下至於庶人之子弟
皆入小學　而敎之　以灑掃應對　進退之節　禮樂射
御書數之文

及其十有五年　則自天子之元子衆子　以至公卿大
夫元士之適子　與凡民之俊秀　皆入大學　而敎之
以窮理正心　修己治人之道　此又學校之敎　大小之
節　所以分也

夫以學校之設　其廣如此　敎之之術　其次第節目之
詳　又如此　而其所以爲敎　則又皆本之　人君躬行
心得之餘　不待求之　民生日用　彝倫之外

是以當世之人　無不學　其學焉者　無不有　以知其
性分之　所固有　職分之　所當爲　而各俛焉　以盡
其力

此古昔盛時　所以治隆於上　俗美於下　而非後世之
所能及也　及周之衰　賢聖之君不作　學校之政不修
敎化陵夷　風俗頹敗　時則有若孔子之聖　而不得君
師之位　以行其政敎　於是獨取先王之法　誦而傳之
而詔後世

若曲禮少儀內則　弟子職諸篇　固小學之支流餘裔
而此篇者則因小學之成功　以著大學之明法　外有
以極其規模之大　而內有以盡其節目之詳者也

三千之徒　蓋莫不聞其說　而曾氏之傳　獨得其宗
於是作爲傳義　以發其意　及孟子沒　而其傳泯焉
則其書雖存　而知者鮮矣　自是以來　俗儒記誦　詞
章之習　其功倍於小學　而無用

異端虛無　寂滅之敎　其高過於大學　而無實

其他權謀術數　一切以就功名之說　與夫百家衆技之流　所以惑世誣民　充塞仁義者　又紛然雜出乎其間

使其君子不幸　而不得聞大道之要　其小人不幸　而不得蒙至治之澤　晦盲否塞　反覆沈痼　以及五季之衰　而壞亂極矣

天運循環　無往不復　宋德隆盛　治敎休明　於是河南程氏兩夫子出　而有以接乎孟氏之傳　實始尊信此篇　而表章之　旣又爲之次其簡編　發其歸趣

然後　古者大學敎人之法　聖經賢傳之指　粲然復明於世　雖以熹之不敏　亦幸私淑　而與有聞焉

顧其爲書猶頗放失　是以忘其固陋　采而輯之　間亦竊附己意　補其闕略　以俟後之君子　極知僭踰無所逃罪　然於國家化民成俗之意　學者修己治人之方　則未必無小補云.

淳熙己酉二月甲子　新安朱熹序

大學章句

[子程子曰 大學孔氏之遺書 而初學入德之門也
於今可見 古人爲學 次第者 獨賴此篇之存 而論孟
次之 學者必由是 而學焉 則庶乎其不差矣.]

經文 제1장 : 총 7 절

(1) 大學之道 在明明德 在親民 在止於至善.

대학지도(는) 재명명덕(하며) 재친민(하며) 재지어지선(이
니라).

대학의 도는 명덕을 밝힘에 있고, 백성을 친애함에 있
고, 지극한 선에 머무름에 있다.

程子曰 親當作新

大學者 大人之學也 明明之也 明德者 人之所
得乎天 而虛靈不昧 以具衆理 而應萬事者也

但爲氣稟所拘 人欲所蔽 則有時而昏 然其本體
之明 則有未嘗息者 故學者 當因其所發而遂明

之 以復其初也

新者 革其舊之謂也 言旣自明其明德 又當推以
及人使之 亦有以去其舊染之汚也

止者 必至於是 而不遷之意　至善 則事理當然
之極也

言明明德新民皆當止於至善之地　而不遷　蓋必
其有 以盡夫天理之極 而無一毫人欲之私也
此三者 大學之綱領也.

(2) 知止而后 有定 定而后 能靜 靜而后 能
安 安而后 能慮 慮而后 能得.

지지이후(에) 유정(이니) 정이후(에) 능정(하며) 정이후(에)
능안(하며) 안이후(에) 능려(하며) 여이후(에) 능득(이니라).

머무를 줄 알아야 안정된다. 안정되어야 조용할 수 있
다. 조용해야 편안할 수 있다. 편안해야 생각할 수 있
다. 생각해야 얻을 수 있다.

止者 所當止之地　卽至善之所在也　知之　則志
有定向　靜謂心不妄動　安謂所處而安　慮謂處事
精詳　得謂得其所止.

(3) 物有本末 事有終始 知所先後 則近道矣.

물유본말(하고) 사유종시(하니) 지소선후(면) 즉근도의(니라).

물(物)에는 본과 말이 있고, 사(事)에는 끝과 시작이 있다. 할 바의 선과 후를 알아야 곧 도에 가깝게 된다.

明德爲本　新民爲末　知止爲始　能得爲終　本始
所先　末終所後　此結上文兩節之意.

(4) 古之欲明明德於天下者 先治其國 欲治 其國者 先齊其家 欲齊其家者 先修其 身 欲修其身者 先正其心 欲正其心者 先誠其意 欲誠其意者 先致其知 致知 在格物.

고지 욕명명덕어천하자(는) 선치기국(하고) 욕치기국자(는) 선제기가(하고) 욕제기가자(는) 선수기신(하고) 욕수기신자(는) 선정기심(하고) 욕정기심자(는) 선성기의(하고) 욕성기의자(는) 선치기지(하니) 치지(는) 재격물(하니라).

옛날에 명덕을 천하에 밝히고자 하는 자는 먼저 나라를 다스리고, 나라를 다스리고자 하는 자는 먼저 집안

을 가지런히 하고, 집안을 가지런히 하고자 하는 자는
먼저 몸을 닦고, 몸을 닦고자 하는 자는 먼저 마음을
바르게 하고, 마음을 바르게 하고자 하는 자는 먼저 뜻
을 성실하게 하고, 뜻을 성실하게 하고자 하는 자는 먼
저 바르게 알아야 한다. 바른 앎은 곧 사물의 도리를
터득함이다.

明明德於天下者 使天下之人 皆有以明其明德也
心者 身之所主也 誠實也 意者心之所發也 實
其心之所發 欲其必自慊 而無自欺也
致推極也 知猶識也 推極吾之知識 欲其所知
無不盡也 格至也 物猶事也 窮至事物之理 欲
其極處 無不到也 此八者 大學之條目也.

(5) 物格而后 知至 知至而后 意誠 意誠而
后 心正 心正而后 身修 身修而后 家
齊 家齊而后 國治 國治而后 天下平.

물격이후(에) 지지(하고) 지지이후(에) 의성(하고) 의성이후
(에) 심정(하고) 심정이후(에) 신수(하고) 신수이후(에) 가제
(하고) 가제이후(에) 국치(하고) 국치이후(에) 천하평(하니라).

사물을 구명해야 알 수 있다. 사물의 도리를 알아야

뜻을 성실하게 할 수 있다. 뜻이 성실해야 마음이 바르
게 된다. 마음이 바르게 되어야 몸을 수양한다. 몸을
수양해야 집안을 가지런하게 할 수 있다. 집안이 가지
런하게 되어야 나라를 잘 다스릴 수 있다. 나라가 잘
다스려진 다음에 천하를 평화롭게 할 수 있다.

物格者　物理之極處　無不到也　知至者　吾心之
所知　無不盡也　知旣盡　則意可得而實矣　意旣
實　則心可得而正矣
修身以上　明明德之事也　齊家以下　新民之事也
物格知至　則知所止矣　意誠以下　則皆得所止之
序也.

(6) 自天子以至於庶人　壹是皆以修身爲本.

자천자이지어서인(이)　일시개이수신위본(이니라).

천자로부터 서민에 이르기까지 다같이 수신을 바탕으
로 해야 한다.

壹是一切也
正心以上　皆所以修身也　齊家以下　則擧此　而
措之耳.

> **(7) 其本 亂而末治者 否矣 其所厚者薄 而 其所薄者厚 未之有也.**

기본 난이말치자(는) 부의(며) 기소후자(에) 박(하고) 이기 소박자(에) 후(는) 미지유야(니라).

근본이 흐트러지면 끝이 다스려지지 않는다. 후하게 할 바를 박하게 하고, 박하게 할 바를 후하게 한 예는 전에 없었다.

本謂身也
所厚謂家也
此兩節 結上文兩節之意.

[右經一章 蓋孔子之言 而曾子述之.]
凡二百五字.

[其傳十章 則曾子之意 而門人記之也 舊本頗有 錯簡 今因程子所定 而更考經文 別爲序次如左.]
凡一千五百四十六字
凡傳文雜引經傳 若無統紀 然文理接續 血脉貫 通 深淺始終 至爲精密 熟讀詳味 久當見之 今 不盡釋也.

傳 1 ▌ 총 4 구

(1) 康誥曰 克明德.

강고(에) 왈 극명덕(이라하며).

서경 강고에 있다. 「문왕이 능히 명덕을 밝히다.」

康誥周書 克能也.

(2) 大甲曰 顧諟天之明命.

태갑(에) 왈 고시천지명명(이라하며).

태갑에 있다. 「탕왕은 하늘이 내린 밝은 명령을 항상 주시하고 지켰다.」

大甲商書 顧謂常目在之也
諟猶此也
或曰審也
天之明命 卽天之所以與我 而我之所以爲德者
也 常目在之 則無時不明矣.

(3) 帝典曰 克明峻德.

제전(에) 왈 극명준덕(이라하니).

요전에 있다. 「요임금은 큰 덕을 밝힐 수 있었다.」

帝典 堯典 虞書 峻大也.

(4) 皆自明也.

개자명야(니라).

모두가 스스로 명덕을 밝혔음을 말한 것이다.

結所引書 皆言 自明己德之意.

[右傳之首章 釋明明德]

此通下三章 至止於信 舊本誤在 沒世不忘之下.

傳 2 ┃ 총 4 구

---

(1) 湯之盤銘曰 苟日新 日日新 又日新.

탕지반명 왈 구일신(이어든) 일일신(하고) 우일신(이라하며).

탕왕의 대야 명문에 있다. 「진실로 〈지난날의 낡고 얼룩진 때와 허물을 씻고〉 날로 새롭게 하며, 또 나날이 계속해서 새롭게 하고, 또 거듭 날로 새롭게 한다.」

盤沐浴之盤也

銘名其器 以自警之辭也 苟誠也

湯以人之洗濯其心以去惡 如沐浴其身以去垢 故銘其盤 言誠能一日 有以滌其舊染之污 而自新則當因其已新者 而日日新之 又日新之 不可略有間斷也.

---

(2) 康誥曰 作新民.

강고(에) 왈 작신민(이라하며).

서경 강고편에 있다. 「임금은 〈백성을 진작해서 그들이 스스로〉 새롭게 되도록 교화해야 한다.」

鼓之舞之 之謂作 言 振起其自新之民也.

(3) 詩曰 周雖舊邦 其命維新.

시(에) 왈 주수구방(이나) 기명유신(이라).

시경 대아 문왕편에 있다.『주(周)는 오래된 나라이지
만 하늘이 천명을 새로 내렸다.』

詩 大雅文王之篇 言周國雖舊 至於文王 能新
其德 以及於民 而始受天命也.

(4) 是故 君子 無所不用其極.

시고(로) 군자 무소불용기극(이니라).

그러므로 군자는 지극함을 쓰지 않음이 없다.

自新新民 皆欲止於至善也.

[右傳之二章 釋新民]

傳 3 █ 총 5 구

(1) 詩云 邦畿千里 惟民所止.

시운 방기천리(여) 유민소지(라하니라).

시경 상송 현조에 있다.『왕도 주변 사방 천리 지방이 바로 백성들이 머물러 살 곳이다.』

詩商頌玄鳥之篇 邦畿王者之都也 止居也 言物各有所當止之處也.

(2) 詩云 緡蠻黃鳥 止于丘隅 子曰 於止 知其所止 可以人而不如鳥乎.

시운 면만황조(여) 지우구우(라하야늘) 자왈 어지(에) 지기소지(로소니) 가이인 이불여조호(아).

시경 소아 면만편에 있다.『우짖고 있는 저 꾀꼬리, 숲이 우거진 높은 언덕 모퉁이에 머물고 있네.』공자가 말했다.「머무름에 있어 새도 마땅히 머무를 곳을 알거늘, 사람이 새만 못해서야 되겠느냐.」

詩 小雅 緡蠻之篇 緡蠻 鳥聲 丘隅 岑蔚之處

子曰以下 孔子說詩之辭 言人當知所當止之
處也.

---

(3) 詩云 穆穆文王 於緝熙敬止 爲人君 止
於仁 爲人臣 止於敬 爲人子 止於孝
爲人父 止於慈 與國人交 止於信.

시운 목목문왕(이여) 오즙희경지(라하니) 위인군(엔) 지어
인(하시고) 위인신(엔) 지어경(하시고) 위인자(엔) 지어효
(하시고) 위인부(엔) 지어자(하시고) 여국인교(엔) 지어신
(이러시다).

시경 대아 문왕에 있다.『덕이 깊고 큰 문왕이 계속 덕
을 빛나게 밝히시고 공경한 선에 머무르셨다.』「임금
으로서는 인덕에 머무르셨으며, 신하로서는 공경으로
임금을 섬겼으며, 아들로서는 효도로 어버이를 섬겼으
며, 아버지로서는 지극한 자애로써 아들을 키웠으며,
나라 사람들과 사귈 때에는 신의를 높이고 지켰음을
말한 것이다.」

詩 文王之篇 穆穆深遠之意 於歎美辭 緝繼續
也 熙光明也 敬止言其無不敬 而安所止也
引此而言聖人之止 無非至善 五者 乃其目之大

者也 學者於此 究其精微之蘊
而又推類以盡其餘 則於天下之事 皆有以知其
所止 而無疑矣.

(4) 詩云 瞻彼淇澳 菉竹猗猗 有斐君子 如
切如磋 如琢如磨 瑟兮僩兮 赫兮喧兮
有斐君子 終不可諠兮 如切如磋者 道
學也 如琢如磨者 自修也 瑟兮僩兮者
恂慄也 赫兮喧兮者 威儀也 有斐君子
終不可諠兮者 道盛德至善 民之不能
忘也.

시운 첨피기욱(하니) 녹죽의의(로다) 유비군자(여) 여절여
차(하며) 여탁여마(라) 슬혜한혜(며) 혁혜훤혜(니) 유비군자
(여) 종불가훤혜(라) 여절여차자(는) 도학아(요) 어탁어마자
(는) 자수야(요) 슬혜한혜자(는) 순율야(요) 혁혜훤혜자(는)
위의야(요) 유비군자(이) 종불가훤혜자(는) 도성덕지선(은)
민지불능망야(라).

시경 위풍 기욱편에 있다.『저 기수 물굽이 깊은 곳을
바라보니, 푸른 대나무 아름답게 우거졌네. 저렇듯 아
름답고 빛나는 군자가, 절차탁마하며 더욱 학문을 높

이고 자신을 수양하니, 그의 인품이 장엄하고 위엄이 있고, 용모가 의연하고 훤하게 빛나네. 저렇듯 아름답고 빛나는 군자를 영영 잊을 수가 없노라.』

시에서 「여절여차자(如切如磋者)」라고 한 것은 「위나라의 무공이 학문에 힘을 썼음」을 말한 것이다. 시에서 「여탁여마자(如琢如磨者)」라고 한 것은 「그가 스스로 덕을 닦았음」을 말한 것이다. 시에서 「슬혜한혜(瑟兮僴兮)」라고 한 것은 「그의 인품이 고결하고 위엄이 있다」는 뜻이다.

시에서 「혁혜훤혜(赫兮喧兮)」라고 한 것은 「그의 덕성이나 의용이 높고 의젓하다」는 뜻이다. 시에서 「유비군자 종불가훤혜(有斐君子 終不可諠兮)」라고 한 것은 「성덕(盛德)을 갖추고 지선(至善)의 경지에 있는 군자를 백성들이 언제까지나 잊지 못한다」는 뜻이다.

詩 衛風淇澳之篇 淇水名 澳隈也 猗猗美盛貌 興也 斐文貌 切以刀鋸 琢以椎鑿 皆裁物使成形質也 磋以鑢錫磨以沙石 皆治物使其滑澤也 治骨角者 旣切而復磋之 治玉石者 旣琢而復磨之 皆言 其治之有緒 而益致其精也

瑟嚴密之貌 僴武毅之貌

赫喧 宣著盛大之貌 諠忘也 道言也 學謂講習討論之事 自修者省察克治之功

恂慄　戰懼也　威可畏也　儀可象也

引詩而釋之　以明明明德者之　止於至善　道學自
修　言其所以得之之由　恂慄威儀　言其德容表裏
之盛　卒乃指其實而歎美之也.

**(5) 詩云　於戲　前王不忘　君子　賢其賢而親
其親　小人　樂其樂而利其利　此以沒世
不忘也.**

시운 오희(라) 전왕불망(이라하니) 군자(는) 현기현 이친기
친(하고) 소인(은) 낙기락 이리기리(하나니) 차이몰세불망
야(니라).

시경 주송 열문편에 있다. 『아아! 선왕들을 잊지 못하
네!』「〈다음 같은 뜻이다〉 후세의 현명한 임금이 군자
를 잊지 않고 그들의 현(賢)을 슬기롭게 여기고 친애
한 바를 친애했다. 한편 백성들도 〈선왕이 안락하게
다스린 바탕 위에서〉 안락하게 살았고, 또 〈이롭게 해
준 바탕 위에서〉 잘살았다. 〈후세의 임금이나 백성들
은〉 선왕이 돌아간 후에도 그 은덕이나 공적을 잊지
않고 높인 것이다.」

詩　周頌烈文篇　於戲歎辭　前王謂文武也　君子

謂其後賢後王 小人謂後民也 此言 前王所以新
民者 止於至善 能使天下後世 無一物不得其所
所以旣沒世 而人思慕之愈久而不忘也
此兩節 咏歎淫泆 其味深長 當熟玩之.

[右傳之三章 釋止於至善]

此章內 自引淇澳詩 以下舊本 誤在誠意章下.

傳 4 총 1 구

> (1) 子曰 聽訟 吾猶人也 必也使無訟乎 無情者 不得盡其辭 大畏民志 此謂知本.

자왈 청송(은) 오유인야(이나) 필야사무송호(인져하시니)
무정자(로) 부득진기사(는) 대외민지(니) 차위지본(이니라).

공자가 말했다. 「백성들의 송사를 듣고 처리하는 일은
나도 남과 같이 할 수 있다. 그러나 나는 반드시 그들
로 하여금 송사를 일으키지 않게 하겠다.」〈증자의
말〉「진실하지 않은 자는 자기의 거짓된 말을 끝까지
주장하고 세우지 못한다. 크게 백성들의 마음을 두렵
게 하기 때문이다. 이와 같이 하는 것이 곧 지본(知本)
이다.」

猶人不異於人也 情實也 引大子之言 而言聖人
能使無實之人 不敢盡其虛誕之辭 蓋我之明德
旣明 自然有以畏服民之心志 故訟不待聽 而自
無也 觀於此言 可以知本末之先後矣.

[右傳之四章 釋本末]
　　此章舊本 誤在止於信下.

[此謂知本]

[程子曰 衍文也]

[此謂知之至也]

此句之上 別有闕文 此特其結語耳.

[右傳之五章 蓋釋格物致知之義而今亡矣.]

此章舊本 通下章 誤在經文之下.

[間嘗竊取 程子之意 以補之曰 所謂致知在格物者 言欲致吾之知 在卽物而窮其理也 蓋人心之靈 莫不有知 而天下之物 莫不有理 惟於理有未窮 故其知有不盡也 是以 大學始敎 必使學者 卽凡天下之物 莫不因其已知之理 而益窮之 以求至乎其極 至於用力之久 而一旦 豁然貫通焉 則衆物之 表裏精粗 無不到 而吾心之全體大用 無不明矣 此謂物格 此謂知之至也.]

傳 6 ┃ 총 4 구

(1) 所謂　誠其意者　毋自欺也　如惡惡臭
如好好色　此之謂自謙　故君子　必愼其
獨也.

소위 성기의자(는) 무자기야(니) 여오악취(하며) 여호호색
(이니) 차지위자겸(이라) 고(로) 군자(는) 필신기독야(하
니라).

이른바 「마음속의 뜻을 성실하게 함」은 「자신을 속이
지 않음」이다. 「악취를 싫어하듯이 〈악을 미워하고〉
미색을 좋아하듯이 〈선을 좋아하니〉 이를 자겸(自謙)이
라 한다. 고로 군자는 반드시 자기 혼자 있을 때에 신
중하게 해야 한다.」

誠其意者　自修之首也
毋者　禁止之辭　自欺云者　知爲善以去惡　而心
之所發　有未實也
謙快也　足也
獨者人所不知　而己所獨知之地也
言欲自修者　知爲善以去其惡　則當實用其力　而
禁止其自欺　使其惡惡　則如惡惡臭　好善則如好

好色 皆務決去 而求必得之 以自快足於己不可
徒苟且. 以徇外而爲人也 然其實與不實 蓋有他
人所不及知 而己獨知之者 故必謹之於此 以審
其幾焉.

> **(2) 小人 閒居 爲不善 無所不至 見君子而
> 后 厭然揜其不善 而著其善 人之視己
> 如見其肺肝然　則何益矣　此謂誠於中
> 形於外 故君子 必愼其獨也.**

소인(이) 한거(에) 위불선(하야) 무소부지(하다가) 견군자이
후(에) 안연엄기불선(하고) 이저기선(하나) 인지시기(이) 여
견기폐간연(이니) 즉하익의(리오) 차위성어중(이면) 형어외
(니) 고(로) 군자(는) 필신기독야(니라).

소인은 혼자 있을 때에는 〈남의 눈을 속이고〉 착하지
않은 짓을 하며 이르지 않는 곳이 없다. 〈허나〉 군자를
보면 자기의 잘못을 덮어 가리고 착한 것만을 내보이려
고 한다. 그러나 남들은 나의 소행을 흡사 속에 있는 폐
나 간을 보듯이 훤히 꿰뚫어 본다. 그러니 〈감추고 숨
긴들〉 무슨 소용이 있겠는가. 이를 일컬어 「속뜻이 성
실하면 밖으로 나타난다」고 한다. 고로 군자는 반드시
혼자 있을 때의 〈마음이나 몸가짐을〉 신중히 해야 한다.

閒居獨處也
厭然消沮閉藏之貌
此言　小人陰爲不善　而陽欲揜之　則是非不知
善之當爲　與惡之當去也
但不能實用其力　以至此耳　然欲揜其惡　而卒不
可揜　欲詐爲善　而卒不可詐　則亦何益之有哉
此君子　所以重　以爲戒　而必謹其獨也.

---

(3) **曾子曰　十目所視　十手所指　其嚴乎.**

증자왈　십목소시(며)　십수소지(니)　기엄호(인져).

증자가 말했다. 「열 사람의 눈이 보는 바이며, 열 사람
의 손이 지적하는 바이니 참으로 엄하게 두려워해야
한다.」

引此　以明上文之意　言雖幽獨之中　而其善惡之
不可揜如此　可畏之甚也.

---

(4) **富潤屋　德潤身　心廣體胖　故君子　必誠
其意.**

부윤옥(이요) 덕윤신(이라) 심광체반(하나니) 고(로) 군자
(는) 필성기의(니라).

부는 집을 윤택하게 하고, 덕은 몸을 윤택하게 한다.
마음이 넓으면 몸도 넓고 편하게 된다. 고로 군자는 반
드시 마음속의 뜻을 성실하게 해야 한다.

胖安舒也　言富則能潤屋矣　德則能潤身矣

故心無愧怍　則廣大寬平　而體常舒泰　德之潤身
者然也　蓋善之實於中　而形於外者　如此　故又
言此以結之.

[右傳之六章　釋誠意]

經曰　欲誠其意　先致其知　又曰　知至而后意誠
蓋心體之明有所未盡　則其所發　必有不能實用
其力　而苟焉　以自欺者　然或已明而不謹乎此
則其所明又非已有　而無以爲進德之基　故此章
之指　必承上章而通考之　然後　有以見其用力之
始終　其序不可亂　而功不可闕如此云.

傳 7 ▌ 총 3 구

(1) 所謂修身 在正其心者 身有所忿懥 則不
得其正 有所恐懼 則不得其正 有所好
樂 則不得其正 有所憂患 則不得其正.

소위수신(이) 재정기심자(는) 신유소분치 즉부득기정(하고)
유소공구 즉부득기정(하고) 유소호요 즉부득기정(하고) 유
소우환 즉부득기정(이니라).

이른바 수신의 요는 마음을 바르게 함이다. 마음에 성
내고 화내는 바가 있으면 바르게 지닐 수 없다. 마음에
두렵고 겁내는 바가 있으면 마음을 바르게 지닐 수 없
다. 마음에 좋아하고 사랑하는 바가 있으면 마음을 바
르게 지닐 수 없다. 마음에 근심하고 걱정하는 바가 있
으면 마음을 바르게 지닐 수 없다.

程子曰 身有之身 當作心 □忿懥怒也 蓋是四
者 皆心之用 而人所不能無者 然一有之 而不
能察 則欲動情勝 而其用之所行 或不能不失其
正矣.

(2) 心不在焉 視而不見 聽而不聞 食而不知其味.

심부재언(이면) 시이불견(하며) 청이불문(하며) 식이부지기미(니라).

마음이 없으면 보아도 보이지 않고, 들어도 들리지 않고, 먹어도 그 맛을 모른다.

心有不存 則無以檢其身 是以君子必察乎此 而敬以直之 然後此心常存 而身無不修也.

(3) 此謂修身 在正其心.

차위수신(이) 재정기심(이니라).

이를 두고 수신의 바탕이 마음을 바르게 함에 있다고 말하는 것이다.

[右傳之七章 釋正心修身]

此亦承上章 以起下章 蓋意誠 則眞無惡 而實有善矣 所以能存是心 以檢其身 然或但知誠意 而不能密察 此心之存否 則又無以直內而修身也 自此以下 竝以舊文爲正.

傳 8 총 3 구

(1) 所謂齊其家 在修其身者 人之其所親愛
而辟焉 之其所賤惡而辟焉 之其所畏敬
而辟焉 之其所哀矜而辟焉 之其所敖惰
而辟焉 故好而知其惡 惡而知其美者
天下鮮矣.

소위제기가(이) 재수기신자(는) 인(이) 지기소친애이벽언
(하며) 지기소천오이벽언(하며) 지기소외경이벽언(하며) 지
기소애긍이벽언(하며) 지기소오타이벽언(하나니) 고(로) 호
이지기악(하며) 오이지기미자(이) 천하(에) 선의(니라).

이른바 자기 집안을 가지런히 다스리는 바탕은 자신의
몸을 닦음에 있다. 보통사람은 자기가 친애하는 사람
에 대해서 치우친다. 자기가 천시하고 미워하는 사람
에 대해서 치우친다. 자기가 경외하고 존경하는 사람
에 대해서 치우친다. 자기가 애련하고 궁휼히 여기는
사람에 대해서 치우친다. 자기가 거만을 떨고 무시하
는 사람에 대해서 치우친다. 그러므로 좋아하면서도
그의 나쁜 점을 알거나, 미워하면서도 그의 좋은 점을
알아주는 그런 사람은 천하에 많지 않다.

人謂衆人之猶於也 辟猶偏也

五者在人 本有當然之則 然常人之情 惟其所向
而不加察焉
則必陷於一偏 而身不修矣.

---

(2) 故諺有之曰 人莫知其子之惡 莫知其苗之碩.

고(로) 언(에) 유지(하니) 왈 인(이) 막지기자지악(하며) 막
지기묘지석(이라하니라).

고로 속담에서 말했다. 「보통사람은 자기 자식의 악함
을 모르고, 자기의 곡식이 큼을 모른다.」

諺俗語也 溺愛者不明 貪得者無厭 是則偏之爲
害 而家之所以不齊也.

---

(3) 此謂身不修 不可以齊其家.

차위신불수(면) 불가이제기가(니라).

이를 일러 「몸을 닦지 않고서는 그 집안을 가지런히
다스릴 수 없다」고 말하는 것이다.

[右傳之八章 釋修身齊家]

傳 9 ▌총 9 구

> (1) 所謂治國 必先齊其家者 其家 不可敎
> 而能敎人者 無之 故君子 不出家而成
> 敎於國 孝者 所以事君也 弟者 所以事
> 長也 慈者 所以使衆也.

소위 치국(이) 필선제기가자(는) 기가(를) 불가교(이오) 이
능교인자(이) 무지(하니) 고(로) 군자(는) 불출가 이성교어
국(하나니) 효자(는) 소이사군야(요) 제자(는) 소이사장야
(요) 자자(는) 소이사중야(이니라).

「치국(治國)은 반드시 먼저 제가(齊家)를 해야 한다고
말한다.」〈그 까닭은 다음과 같다.〉「자기 집안을 교화
하지 못하고 능히 다른 사람을 교화할 수 없다. 고로 군
자는 집을 나가지 않고도 나라의 모든 사람을 교화할
수 있다. 또 효(孝)는 곧 사군(事君)의 바탕이다. 제
(弟)는 곧 사장(事長)의 바탕이다. 자애(慈愛)는 모든
사람을 〈인애(仁愛)로써〉 부리고 쓰는 바탕이다.」

身修 則家可敎矣 孝弟慈所以修身 而敎於家者
也 然而國之所以事君事長使衆之道 不外乎此
此所以家齊於上 而敎成於下也.

> **(2) 康誥曰 如保赤子 心誠求之 雖不中 不遠矣 未有學養子而后 嫁者也.**

강고(에) 왈 여보적자(라하니) 심성구지(면) 수부중(이나)
불원의(니라) 미유학양자 이후(에) 가자야(니라).

서경 강고편에 있다.『갓난아이를 보육하듯이 하라.』
마음을 성실하게 하고 구하면 비록 맞지 않아도 멀지
않게 된다. 자식 양육하는 법을 배운 다음에 시집가는
사람은 없다.

此引書而釋之 又明立敎之本 不假强爲 在識其
端 而推廣之耳.

> **(3) 一家仁 一國興仁 一家讓 一國興讓 一
> 人貪戾 一國作亂 其機如此 此謂 一言
> 僨事 一人定國.**

일가(이) 인(이면) 일국(이) 흥인(하고) 일가(이) 양(이면)
일국(이) 흥양(하고) 일인(이) 탐려(하면) 일국(이) 작란(하
나니) 기기여차(하니) 차위일언(이) 분사(하면) 일인(이) 정
국(이니라).

한 집안에서 인(仁)의 기풍이 넘치면 〈백성들이 감화

되어〉 나라 전체에 인의 기풍이 흥성하게 된다. 한 집 안에서 겸양의 예(禮)가 잘 행해지면 나라 전체에 겸양의 예가 진작된다. 임금 한 사람이 탐욕하게 이(利)를 취하면 나라 모든 사람들도 〈탐욕하게 이를 취하고 마침내는〉 난(亂)을 일으키게 된다. 그 기틀이 이와 같이 기미(機微)하게 엮어져 있다. 그래서 「임금의 그릇된 말 한마디가 국사(國事)를 망치기도 하고, 임금 한 사람의 인덕(仁德)이 나라를 안정되게 한다」고 말한 것이다.

一人謂君也 機發動所由也 僨覆敗也 此言敎成於國之效.

---

(4) 堯舜 帥天下以仁 而民從之 桀紂 帥天下以暴 而民從之 其所令 反其所好 而民不從 是故 君子有諸己而後 求諸人無諸己而後 非諸人 所藏乎身不恕 而能喩諸人者 未之有也.

요순(이) 솔천하이이인(하신대) 이민(이) 종지(하고) 걸주(이) 솔천하이포(한대) 이민종지(하니) 기소령(이) 반기소호(면) 이민(이) 부종(하나니) 시고(로) 군자(는) 유제기 이후(에) 구제인(하며) 무제기 이후(에) 비제인(하나니) 소장호신(이)

불서(요) 이능유제인자(이) 미지유야(이니라).

요(堯)와 순(舜) 두 성제(聖帝)가 천하를 인덕(仁德)으로 통솔하고 다스리자, 천하 만민들이 잘 따르고 〈감화되어 인덕을 높이고 실천했다.〉 하(夏)의 걸왕(桀王)과 은(殷)의 주왕(紂王)은 천하를 포학무도(暴虐無道)하게 통솔했으며, 이에 백성들도 〈걸왕과 주왕을〉 따라 〈포학무도하게 되었다.〉

〈포학무도한 임금이〉 내리는 명령이 자기들이 좋아하는 바와 반대가 되고, 〈즉 자기들은 포학무도한 짓을 좋아하고 행하면서 백성에게는〉 반대로 〈착하게 하라고〉 명령을 내렸다. 그러므로 백성들은 〈착하게 하라는〉 명령을 안 따르고 〈포학무도한 짓을 했다.〉 그런 고로 군자는 먼저 자기가 〈선한 덕을〉 갖춘 다음에 남에게 〈선한 덕〉 갖기를 구한다. 〈한편〉 자기에게 〈허물이〉 없게 한 다음에 남에게 〈허물 있음을〉 비난한다. 내가 속으로는 「남을 용서하지 않으려 하면서」 남을 능히 교화하고 깨우치게 할 사람은 절대로 없다.

此又承上文　一人定國而言
有善於己　然後可以責人之善　無惡於己　然後可以正人之惡　皆推己以及人　所謂恕也
不如是　則所令　反其所好　而民不從矣　喩曉也.

(5) 故治國 在齊其家.

고(로) 치국(이) 재제기가(니라).

고로 나라 다스림은 집안을 가지런히 함에 있다.

通結上文.

(6) 詩云 桃之夭夭 其葉蓁蓁 之子于歸 宜 其家人 宜其家人而后 可以敎國人.

시운 도지요요(여) 기엽진진(이로다) 지자우귀(여) 의기가 인(이라하니) 의기가인 이후(에) 가이교국인(이니라).

시경 주남 도요편(桃夭篇)에 있다.『복숭아나무가 싱 싱하게 자라고 잎이 푸르고 무성하다. 아이가 시집을 가니 그 집 사람들에게 잘하리라.』그 집 사람이 화목 하고 제가가 이루어진 후에 나라 사람을 교화할 수 있다.

詩 周南桃夭之篇 夭夭少好貌 蓁蓁美盛貌 興 也 之子猶言是子 此指女子之嫁者 而言也 婦 人謂嫁曰歸 宜猶善也.

> (7) 詩云 宜兄宜弟 宜兄宜弟而后 可以敎
> 國人.

시운 의형의제(하나니) 의형의제 이후(에) 가이교국인(이니라).

시경 소아 육소편에 있다. 『형에게도 잘하고 동생에게도 잘한다.』〈이와 같이〉 형제가 우애하고 화목한 다음에 비로소 나라 사람들을 가르칠 수 있다.

詩小雅 蓼蕭篇.

> (8) 詩云 其儀不忒 正是四國 其爲父子兄
> 弟 足法 而后 民法之也.

시운 기의불특(이라) 정시사국(이라하니) 기위부자형제(이) 족법 이후(에) 민(이) 법지야(니라).

시경 조풍 시구편에 있다. 『위의(威儀)가 어긋나지 않으니 사방의 나라를 바르게 한다.』그 집안은 부(父) 자(子) 형(兄) 제(弟)가 저마다 도리를 지키고 화목하니 족히 법도로 삼을 만했다. 그러므로 모든 백성들이 〈그와 그의 집안을〉 법도로 삼고 교화되었던 것이다.

詩　曹風鳲鳩篇　忒差也.

(9)　此謂治國　在齊其家.

차위치국(이) 재제기가(니라).

이상을 일컬어 치국(治國)이 「그 집안을 가지런히 함(齊其家)」에 있다고 말하는 것이다.

此三引詩　皆以詠歎上文之事　而又結之如此　其味深長　最宜潛玩.

[右傳之九章　釋齊家治國.]

傳 10 ▎ 총 23 구

> **(1) 所謂 平天下 在治其國者 上老老而民 興孝 上長長而民 興弟 上恤孤而民 不 倍 是以 君子有絜矩之道也.**

소위평천하(이) 재치기국자(는) 상로로(하여) 이민홍효(하며) 상장장(하여) 이민홍제(하며) 상휼고(하여) 이민불배(하나니) 시이(로) 군자(는) 유혈구지도야(니라).

이른바 「평천하(平天下)의 바탕이 치기국(治其國)에 있다」고 함은 〈다음 같은 뜻을 말한 것이다.〉 윗사람이 자기 일가의 노인들을 노인에 대한 예절로 섬기므로 백성들이 감화되어 효도를 진작하게 되고, 윗사람이 자기 일가의 연장자들을 연장자에 대한 예절로 공경하므로 백성들이 감화되어 제(弟＝悌)를 진작하게 되고, 윗사람이 〈나라의 모든〉 고아를 구휼하므로 백성들이 감화되어 등을 돌리지 않게 된다. 그러므로 임금이나 군자는 「혈구지도(絜矩之道)」를 따르고 실천해야 한다.

老老所謂老吾老也 興謂有所感發而興起也 孤者幼而無父之稱 絜度也 矩所以爲方也

言此三者　上行下效　捷於影響　所謂家齊而國
治也
亦可以見人心之所同 而不可 使有一夫之不獲矣
是以君子 必當因其所同 推以度物 使彼我之間
各得分願 則上下四旁 均齊方正 而天下平矣.

**(2)　所惡於上　毋以使下　所惡於下　毋以事
上　所惡於前　毋以先後　所惡於後　毋以
從前　所惡於右　毋以交於左　所惡於左
毋以交於右　此之謂絜矩之道.**

소오어상(으로) 무이사하(하며) 소오어하(로) 무이사상(하
며) 소오어전(으로) 무이선후(하며) 소오어후(로) 무이종전
(하며) 소오어우(로) 무이교어좌(하며) 소오어좌(로) 무이교
이우(이) 차지위헐구지도(이니라).

윗사람이 싫어하는 바 무례한 도를 가지고, 아랫사람
에게 대하면 안 된다. 아랫사람이 싫어하는 바 무례한
도를 가지고, 윗사람을 섬기면 안 된다. 앞사람이 싫어
하는 바 무례한 도를 가지고, 뒷사람에게 대하면 안
된다. 뒷사람이 싫어하는 바 무례한 도를 가지고, 앞사
람에게 대하면 안 된다. 왼쪽 사람이 싫어하는 바 무례

한 도를 가지고, 오른쪽 사람에게 대하면 안 된다. 오른쪽 사람이 싫어하는 바 무례한 도를 가지고, 왼쪽 사람에게 대하면 안 된다. 이와 같이 〈절대선의 기준을 가지고〉 상하(上下) 사방(四方)을 공평하고 방정하게 대하고 틀 잡는 것을 「혈구지도」라고 한다.

此覆解上文　絜矩二字之義　如不欲上之無禮於
我　則必以此度下之心　而亦不敢以此無禮使之
不欲下之不忠於我　則必以此度上之心　而亦不
敢以此　不忠事之　至於前後左右　無不皆然　則
身之所處　上下四旁　長短廣狹　彼此如一　而無
不方矣　彼同有是心　而興起焉者　又豈有一夫之
不獲哉

所操者約　而所及者廣

此平天下之要道也　故章內之意　皆自此而推之.

(3) 詩云 樂只君子 民之父母 民之所好 好
之 民之所惡 惡之 此之謂 民之父母.

시운 낙지군자(여) 민지부모(라하니) 민지소호(를) 호지(하고) 민지소오(를) 오지(하니) 차지위 민지부모(니라).

시경 소아 남산유대편(南山有臺篇)에 있다. 『즐거워

라, 군자다운 임금이시여. 백성의 부모로다.』「백성들
이 좋아하는 바를 임금이 좋아하고, 백성들이 싫어하
는 바를 임금도 싫어하시니, 이를 일컬어 백성의 부모
라 하노라.」

詩 小雅南山有臺之篇 只語助辭 言能絜矩而以
民心爲己心 則是愛民如子 而民愛之如父母矣.

**(4) 詩云 節彼南山 維石巖巖 赫赫師尹 民
具爾瞻 有國者 不可以不愼 辟則爲天
下僇矣.**

시운 절피남산(이여) 유석암암(이로다) 혁혁사윤(이여) 민
구이첨(이라하니) 유국자(이) 불가이불신(이니) 벽즉위천하
륙의(니라).

시경 소아 절남신편(節南山篇)에 있다.『우뚝 높이 솟
은 남산이여, 암석이 높이 쌓여 장엄하다. 높이 빛나는
태사(太師) 윤씨(尹氏)여, 백성들이 모두 그대를 우
러러 보노라.』「〈그러므로〉나라를 다스리는 임금이나
군자는 삼가지 않으면 안 된다. 치우치고 사벽(邪辟)
하면 천하 만민에게 살륙(殺戮)을 당한다.」

詩 小雅節南山之篇 節截然高大貌 師尹周太師

尹氏也　具俱也　辟偏也　言在上者　人所瞻仰　不
可不謹　若不能絜矩　而好惡徇於一己之偏　則身
弒國亡　爲天下之大戮矣.

> (5)　詩云　殷之未喪師　克配上帝　儀監于殷
> 峻命不易　道得衆則得國　失衆則失國.

시운 은지미상사(엔) 극배상제(이러니) 의감우은(이어다) 준
명불이(라하니) 도득중 즉득국(하고) 실중 즉실국(이니라).

시경 대아 문왕편(文王篇)에 있다. 『은(殷)나라가 백
성의 마음을 잃지 않았을 때는 능히 상제와 잘 어울렸
다. 마땅히 은나라를 거울로 삼고 살펴야 한다. 하늘이
내리는 큰 명은 〈받고 달성하기가〉 쉽지 않다.』 이는
곧 「백성의 마음을 얻으면 나라도 얻고, 백성의 마음
을 잃으면 나라도 잃는다」는 뜻을 말한 것이다.

詩文王篇　師衆也　配對也　配上帝　言其爲天下
君　而對乎上帝也　監視也　峻大也　不易言難保
也　道言也　引詩而言此以結上文兩節之意　有天
下者能存此心　而不失　則所以絜矩而與民同欲
者　自不能已矣.

(6) **是故 君子先愼乎德 有德此有人 有人 此有土 有土此有財 有財此有用.**

시고(로) 군자(는) 선신호덕(이니) 유덕(이면) 차유인(이요) 유인(이면) 차유토(요) 유토(면) 차유재(요) 유재(면) 차유용 (이니라).

「고로 군자는 먼저 덕에 근신해야 한다. 덕이 있어야 백성들이 있고, 백성들이 있어야 국토가 있고, 국토가 있어야 재물이 있고, 재물이 있어야 재물을 써서 〈다 스린다.〉」

先謹乎德　承上文不可不謹而言　德卽所謂明德 有人謂得衆　有土謂得國　有國則不患無財用矣.

(7) **德者本也　財者末也.**

덕자(는) 본야(요) 재자(는) 말야(이니라).

「위정자의 덕(德)이 근본 뿌리가 되고, 재물이나 재용 은 가지에 해당한다.」

本上文而言.

(8) 外本內末 爭民施奪.

외본내말(이면) 쟁민시탈(이니라).

「임금이 근본이 되는 덕을 소외하고 끝가지에 해당하는 재물을 높이면 〈임금이〉 백성과 다투게 되고, 그 결과 백성들도 서로 쟁탈하게 된다.」

人君以德爲外 以財爲內 則是爭鬪其民 而施之
以劫奪之敎也 蓋財者人之所同欲 不能絜矩而
欲專之 則民亦起 而爭奪矣.

(9) 是故 財聚則民散 財散則民聚.

시고(로) 재취 즉민산(하고) 재산 즉민취(니라).

「그러므로 재물을 긁어모으면 백성들이 흩어지고, 재물을 고르게 나누어 쓰면 백성들이 모여든다.」

外本內末 故財聚 爭民施奪 故民散 反是 則有
德 而有人矣.

(10) 是故 言悖而出者 亦悖而入 貨悖而入者 亦悖而出.

시고(로) 언패이출자(는) 역패이입(하고) 화패이입자(는) 역패이출(이니라).

「그런 고로 말이 〈도에〉 어긋나게 〈입에서〉 나가면 역시 어긋나게 〈귀에〉 들어온다. 재화를 도리에 어긋나게 거두어들이면 역시 어긋나게 나가게 마련이다.」

悖逆也 此以言之出入 明貨之出入也 自先謹乎德以下至此 又因財貨 以明 能絜矩與不能者之得失也.

(11) 康誥曰 惟命不于常 道善則得之 不善則失之矣.

강고(에) 왈 유명(은) 불우상(이라하니) 도선즉득지(하고) 불선즉실지의(니라).

서경 강고편에 있다. 『오직 천명(天命)은 항상 있는 것이 아니다.』 이는 「착하게 하면 〈천명을〉 얻지만, 착하지 않으면 〈천명을〉 잃는다는 뜻을 말한 것이다.」

道言也 因上文引文王詩之意 而申言之 其丁寧
反覆之 意益深切矣.

---

(12) 楚書日 楚國無以爲寶 惟善以爲寶.

초서 왈 초국(은) 무이위보(요) 유선(을) 이위보(하니라).

초서에 있다. 「초나라에서는 보배로 여기는 것이 없다.
다만 선인(善人)을 보배로 여긴다.」

楚書楚語 言不寶金玉 而寶善人也.

---

(13) 舅犯日 亡人無以爲寶 仁親以爲寶.

구범 왈 망인(은) 무이위보(요) 인친(을) 이위보(라하니라).

외삼촌 자범(子犯)이 말했다. 「망명중에 있는 사람은
아무것도 보배로 여기지 않는다. 오직 아버지를 친애
하는 효성을 보배로 여긴다.」

舅犯 晉文公舅 狐偃 字子犯 亡人 文公時爲公
子 出亡在外也 仁愛也 事見檀弓

此兩節 又明不外本而內末之意.

(14) 秦誓曰 若有一个臣 斷斷兮 無他技 其心 休休焉 其如有容焉 人之有技 若己有之 人之彦聖 其心好之 不啻若自其口出 寔能容之 以能保我子孫黎民 尙亦有利哉 人之有技 媢疾以惡之 人之彦聖 而違之 俾不通 寔不能容 以不能保我子孫黎民 亦曰殆哉.

진서(에) 왈 약유일개신(이) 단단혜(오) 무타기(나) 기심(이) 휴휴언(하고) 기여유용언(이라) 인지유기(를) 약기유지(하고) 인지언성(을) 기심호지(하며) 불시약자기구출(하고) 식능용지(하니) 이능보아자손려민(이오) 상역유리재(인저) 인지유기(를) 모질이오지(하고) 인지언성(을) 이위지(하야) 비불통(이면) 식불능용(이라) 이불능보아자손려빈(이니) 억왈태재(인저).

서경 주서 진서(秦誓)에 있다. 「만약 한 신하가 있으며, 그 인품이 성실하고 한결같다. 재주는 없어도 그의 마음이 솔직하고 착하고 〈모든 것을〉 받아들이고 잘 포용한다. 다른 사람이 재주있는 것을 흡사 자신이 가진 것처럼 여기고, 다른 사람이 슬기로운 선비답게 신통한 것을 진심으로 좋아하고, 또 자기 입으로 칭찬할 뿐만 아니라, 진실로 포용한다. 〈이를 등용해 써야〉 능히 자손과 백성들을 보전할 수 있고, 또 이롭기를 바랄 수 있다. 〈반대로〉 다른 사람이 재주가 있으면 강샘하고 미워하고, 또 다른 사람의 인품이 선비답고 신통하면 〈고의로〉 그를 반대하거나 거역하고, 그로 하여금 달통하지 못하게 방해하고 〈그를〉 받아들이지 못하는 〈자도 있다. 이런 자를 쓰면〉 우리 자손과 백성들을 보전하지 못하고 나라도 위태롭게 된다.」

秦誓周書　斷斷誠一之貌　彦美士也　聖通明也
尙庶幾也　娟忌也　違拂戾也　殆危也.

---

(15) 唯仁人　放流之　迸諸四夷　不與同中國
　　　此謂唯仁人　爲能愛人　能惡人.

유인인(이) 방류지(하고) 병제사이(하야) 불여동중국(하니)
차위 유인인(이) 위능애인(하고) 능오인(하니라).

오직 인인(仁人)이 그들을 추방 유배하고, 사방의 오랑캐 땅으로 내몰아 쫓고, 더불어 중국에서 함께 살지 못하게 한다. 이를 두고 공자가 「오직 인인(仁人)만이 진실로 사람을 사랑할 수도 있고, 〈혹은〉 미워할 수도 있다.」고 말한 것이다.

迸猶逐也 言有此娼疾之人 妨賢而病國 則仁人
必深惡 而痛絶之 以其至公無私 故能得好惡之
正 如此也.

**(16) 見賢而不能擧 擧而不能先 命也 見不
善而不能退 退而不能遠 過也.**

견현이불능거(하며) 거이불능선(이) 명야(요) 견불선이불능
퇴(하며) 퇴이불능원(이) 과야(니라).

현명한 사람을 보고 등용(登用)하지 못하거나, 등용하
되 우선적으로 등용하지 못하는 것은 태만(怠慢)이다.
나쁜 사람을 보고도 물리치지 못하거나, 물리치되 멀
리 추방해서 단절하지 못하면 잘못하는 것이다.

命 鄭氏云 當作慢 程子云 當作怠 未詳孰是 若
此者 知所愛惡矣 而未能盡愛惡之道 蓋君子而
未仁者也.

**(17) 好人之所惡 惡人之所好 是謂拂人之
性 菑必逮夫身.**

호인지소오(하며) 오인지소호(이) 시위불인지성(이라) 재필

체부신(이니라).

사람들이 미워하는 바를 좋아하고, 사람들이 좋아하는 바를 미워하는 것을 본성에 거스른다고 말한다. 재앙이 반드시 그 몸에 미칠 것이다.

拂逆也 好善而惡惡 人之性也 至於拂人之性 則不仁之甚者也 自秦誓至此 又皆以申言好惡 公私之極 以明上文所引南山有臺 節南山之意.

(18) 是故 君子有大道 必忠信 以得之 驕 泰 以失之.

시고(로) 군자(이) 유대도(하니) 필충신이득지(하고) 교태이 실지(니라).

그러므로 군자가 〈따르고 행할〉 큰 도리가 있다. 반드시 충(忠)과 신(信)을 지키면 〈나라와 백성을〉 얻지만, 교(驕)와 태(泰)하면 잃는다.

君子以位言之 道謂居其位 而修己治人之術 發 己自盡爲忠 循物無違謂信 驕者矜高 泰者侈肆 此因上所引文王康誥之意而言   章內三言得失 而語盆加切 蓋至此而天理存亡之幾決矣.

(19) 生財有大道 生之者衆 食之者寡 爲之者疾 用之者舒 則財恒足矣.

생재(에) 유대도(하니) 생지자중(하고) 식지자과(하며) 위지자질(하고) 용지자서(하면) 즉재항족의(리라).

재물 생산에는 대도가 있다. 생산하는 사람이 많고, 먹고 〈쓰는〉 사람이 적으며, 생산하는 사람이 빠르게 하고, 쓰는 사람이 느리게 하면, 즉 재물이 항상 풍족할 것이다.

呂氏曰 國無游民 則生者衆矣 朝無幸位 則食者寡矣 不奪農時 則爲之疾矣 量入爲出 則用之舒矣 愚按 此因有土有財而言 以明足國之道 在乎務本而節用
非必外本內末 而後財可聚也 自此以至終篇皆一意也.

(20) 仁者 以財發身 不仁者 以身發財.

인자(는) 이재발신(하고) 불인자(는) 이신발재(니라).

어진 사람은 재물로써 자신을 높이 돋아올린다. 어질지 않은 사람은 자기 몸을 위해 재물을 밝히고 낭비한다.

發猶起也 仁者散財以得民 不仁者亡身以殖貨.

> **(21)** 未有上好仁 而下不好義者也 未有好
> 義 其事不終者也 未有府庫財 非其
> 財者也.

미유상호인 이하불호의자야(니) 미유호의(요) 기사부종자
야(며) 미유부고재(이) 비기재자야(니라).

위가 인(仁)을 좋아하면 아래가 의(義)를 좋아하지
않는 법이 없다. 의(義)를 좋아하면서 일을 잘 끝맺지
않는 법이 없다. 국고(國庫)의 재물이 임금의 재물 아
닌 게 없다.

上好仁 以愛其下 則下好義 以忠其上 所以事
必有終 而府庫之財 無悖出之患也.

> **(22)** 孟獻子曰 畜馬乘 不察於鷄豚 伐氷之
> 家 不畜牛羊 百乘之家 不畜聚斂之臣
> 與其有聚斂之臣 寧有盜臣 此謂國 不
> 以利爲利 以義爲利也.

맹헌자왈 축마승(은) 불찰어계돈(하고) 벌빙지가(는) 불축 우양(하고) 백승지가(는) 불축취렴지신(하나니) 여기유취렴지신(으론) 영유도신(이라하니) 차위 국(은) 불이리위리(요) 이의위리야(니라).

노나라의 대부 맹헌자(孟獻子)가 말했다. 「마승(馬乘)을 기르는 대부가 되면 닭이나 돼지를 살펴보지 않는다. 겨울에 얼음을 떠서 상례나 제례 때 쓰는 집안, 즉 경(卿)이나 대부(大夫)는 소나 양을 기르지 않는다. 전차 백 대를 차출하는 경의 집안에서는 취렴(聚 斂)하는 신하를 두지 않는다. 취렴하는 신하를 둘 바에야 차라리 도둑질하는 신하를 두는 편이 낫다. 이를 일컬어 나라는 이(利)를 이로 여기지 않고, 의(義)를 이로 여긴다고 하는 것이다.」

孟獻子 魯之賢大夫 仲孫蔑也 畜馬乘 士初試 爲大夫者也 伐冰之家 卿大夫以上 喪祭用冰 者也
百乘之家 有采地者也 君子寧亡己之財 而不忍 傷民之力 故寧有盜臣 而不畜聚斂之臣 此謂以 下釋獻子之言也.

(23) 長國家 而務財用者 必自小人矣 彼爲 善之 小人之使爲國家 菑害並至 雖

> 有善者 亦無如之何矣 此謂國 不以
> 利爲利 以義爲利也.

장국가 이무재용자(는) 필자소인의(니) 피위선지(하야) 소
인지사위국가(면) 재해병지(라) 수유선자(나) 역무여지하의
(니) 차위 국 불이리위리(요) 이의위리야(니라).

나라의 어른이 되어서 백성의 재물을 취렴하고 낭비하
는 까닭은, 반드시 소인으로부터 연유한다. 임금이 그
를 착하다고 생각하고, 소인으로 하여금 나라를 다스
리게 하면 재해가 함께 나타난다. 착한 사람이 나타나
도 어찌할 수 없게 된다. 이를 가리켜 나라는 물질적
이득을 이(利)로 여기지 않고, 의(義)를 이로 여긴다
고 말하는 것이다.

> 彼爲善之 此句上下 疑有闕文誤字 自由也 言
> 由小人導之也 此一節 深明 以利爲利之害 而
> 重言以結之 其丁寧之意切矣.

[右傳之十章 釋治國平天下.]

> 此章之義 務在與民同好惡 而不專其利 皆推廣絜
> 矩之意也 能如是 則親賢樂利 各得其所 而天下平矣.

[凡傳十章 前四章 統論綱領旨趣 後六章 細論條
目工夫 其第五章 乃明善之要 第六章 乃誠身之本
在初學 尤爲當務之急 讀者不可以其近而忽之也.]

찾아보기

ㅂ

방기천리(邦畿千里) 유민소지(惟民
　　所止)　27
벽즉위천하륙의(辟則爲天下僇矣)
　　53
병제사이(迸諸四夷)　60
부윤옥(富潤屋) 덕윤신(德潤身)　37
불선즉실지의(不善則失之矣)　57
불이리위리(不以利爲利)　64 66
불인자(不仁者) 이신발재(以身發
　　財)　63

ㅅ

사유종시(事有終始)　19
상로로이민(上老老而民) 흥효(興
　　孝)　50
상장장이민(上長長而民) 흥제(興
　　弟)　50
상휼고이민(上恤孤而民) 불배(不
　　倍)　50
생재유대도(生財有大道)　63
선성기의(先誠其意)　19
선수기신(先修其身)　19

ㅈ

ㅊ

ㅌ

ㅍ

大學章句集註

초판 인쇄 – 2010년 6월 5일
초판 발행 – 2010년 6월 10일

校 閱 – 金 東 求

발행인 – 金 東 求

발행처 – 명 문 당(창립 1923년 10월 1일)
　　　　서울특별시 종로구 안국동 17-8
　　　　우체국 010579-01-000682
　　　　전 화 (02) 733-3039, 734-4798
　　　　FAX (02) 734-9209
　　　　Homepage www.myunmundang.net
　　　　E-mail mmdbook1@kornet.net
　　　　등록 1977.11.19. 제1-148호

■

* 낙장 및 파본은 교환해 드립니다.
* 불허 복제
* 정가 6,000원
ISBN 978-89-7270-952-7　93140